I0788034